CYNNWYS

BANDIAU

Allwch chi greu band un dyn gyda:
offeryn chwythu
offeryn taro
offeryn plycio neu grafu?

Brenin y Bysgars

Mae Brenin y Bysgars
Yn ysgwyd y stryd,
Mae'i goesau a'i freichiau
Yn mynd yr un pryd;
Mewn un llaw mae drwm,
Yn y llall, tambwrîn,
Corn wrth fynd ymlaen,
Symbal, wysg ei din.

Mae'n chwythu a chlecian
A siglo i'r gân,
Mae'r concrit yn dawnsio
A'r palmant ar dân,
A siopwyr y ddinas
Sy'n gwenu i gyd
Am fod Brenin y Bysgars
Yn ôl ar y stryd.

Myrddin ap Dafydd

2

Gallwch greu cerddoriaeth mewn gwahanol ffyrdd.

Pa offerynnau sy'n cael eu chwythu?
Pa gerddorion sy'n defnyddio eu dwylo'n unig i greu nodau?

Sut mae'r cerddorion yn y lluniau yn gwneud gwahanol nodau gyda'r offerynnau?

GÊMAU SAIN

Cyfateb

Ceisiwch gyfateb y geiriau â'r lluniau:
slyrp
pop
tic
sglwts
dwmp
slepjan

Croesair sain

Dyma groesair wedi'i lenwi gyda geiriau yn disgrifio synau sydd i'w clywed.

Ysgrifennwch gliw ar gyfer pob gair. Gallech ddechrau pob cliw gyda: 'Sain sy'n cael ei wneud gan...'

Yna copïwch grid y croesair a gofynnwch i'ch ffrindiau ei lenwi trwy ddefnyddio eich cliwiau.

BETH SY'N GWNEUD Y SYNAU?

Pos geiriau

Mae enwau gwahanol offerynnau cerdd wedi'u cuddio yn y llythrennau. Faint allwch chi ddod o hyd iddyn nhw, tybed?

a	s	p	f	f	l	i	w	t	r	w	p	a	g	c
s	d	r	w	a	r	p	e	r	w	e	t	f	o	l
d	f	s	o	d	d	g	r	w	t	h	d	b	n	y
f	v	e	e	f	a	l	m	m	h	h	g	o	g	c
g	g	i	t	a	r	y	s	p	t	p	s	t	o	h
l	n	l	u	m	o	d	e	e	o	e	y	e	e	a
m	m	o	b	u	p	u	s	d	r	w	m	o	p	u
n	o	f	w	i	f	w	w	s	f	c	b	b	i	r
o	l	f	f	i	d	i	l	h	l	g	a	p	a	f
p	p	o	b	m	t	c	y	o	t	e	l	y	n	l
g	w	n	w	c	s	m	r	c	y	i	a	s	o	m

SUT MAE CLYWED SEINIAU

Beth mae Alun yn ei glywed o'i wely?

Sut mae Alun yn clywed y seiniau hyn, tybed? Defnyddiwch y darlun o'r glust i'ch helpu i ateb y cwestiwn.

Tyrd Mursen...

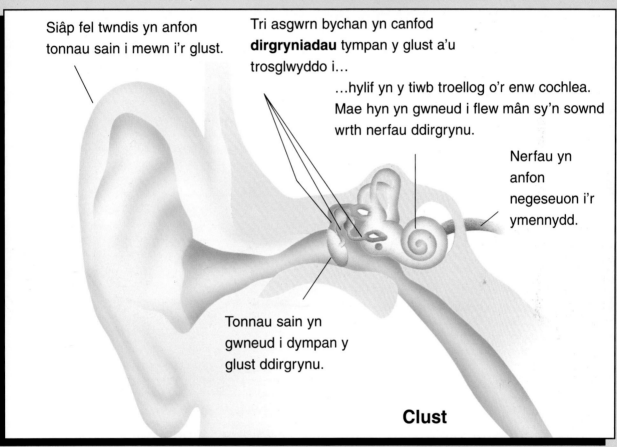

Siâp fel twndis yn anfon tonnau sain i mewn i'r glust.

Tri asgwrn bychan yn canfod **dirgryniadau** tympan y glust a'u trosglwyddo i...

...hylif yn y tiwb troellog o'r enw cochlea. Mae hyn yn gwneud i flew mân sy'n sownd wrth nerfau ddirgrynu.

Nerfau yn anfon negeseuon i'r ymennydd.

Tonnau sain yn gwneud i dympan y glust ddirgrynu.

Clust

Dydd Gwener 25 Tachwedd

Diwrnod yn y sw

Yr wythnos diwethaf aethom ni ar drip ysgol i'r sw. Eisteddais wrth ymyl Robin ar y bws. Mae o'n gwisgo rhywbeth tebyg i Walkman. Ond teclyn clywed ydi o. Buom yn sefyll am hydoedd yn gwylio'r eliffantod yn cael eu golchi. 'Beth ddywedodd yr eliffant?' gofynnodd Robin. 'Wn i ddim,' atebais. 'Dydi eliffantod ddim yn gallu siarad.' 'Ond rwyt ti'n siarad efo'r ci. Pan wyt ti'n dweud "eistedd", mae'r ci'n eistedd. Ac rwyt ti newydd weiddi ar wenynen i gadw draw.' Felly roedd yn rhaid i mi egluro bod rhai anifeiliaid yn gallu deall pobl, ond yn methu siarad.

'Rwy'n llwgu,' meddai Robin. 'Beth am ofyn i'r athrawes gawn ni bicnic nawr.' 'Mae hi wedi mynd draw fan acw i weld y pengwins,' meddwn i. 'Wel, galw arni, dydi hi ddim yn fyddar fel fi,' meddai Robin. 'Ond mae hi'n rhy bell. Fydd hi ddim yn clywed,' meddwn. Yna cofiais fod yr athrawes yn gallu siarad efo Robin o ochr draw y maes chwarae, neu hyd yn oed o stafell arall, achos ei bod hi'n gwisgo microffon-radio bach sy'n gallu cysylltu â'i declyn clywed o. Doedd Robin ddim yn sylweddoli mai dim ond lleisiau eithaf agos atom ni yr ydym ni'n gallu eu clywed, fel arfer.

Ar ôl cinio cawsom hufen iâ a mynd i weld y mwncïod. 'Gwylia, Robin,' bloeddiodd rhywun. 'Gwylia'r mwnci.' Clywodd Robin y floedd, ond nid y geiriau. Wrth iddo droi i holi, daeth y mwnci a dwyn ei hufen iâ. Yn ffodus, chwerthin wnaeth Robin!

Wedyn aethom ni i'r siop i brynu cardiau post gyda lluniau anifeiliaid. Roedd y siopwr yn gyfeillgar iawn ac ysgrifennodd y pris ar ddarn o bapur i Robin.

Mae Robin yn darllen yn dda iawn ac mae'n gwybod yr ateb i bob cwestiwn, bron. Ond wrth siarad mae ei lais yn swnio'n rhyfedd ac mae'n siarad yn araf – achos nad ydi o erioed wedi ein clywed ni'n siarad go-iawn.

Chwaraeodd yr athrawes dâp i ni gael clywed beth mae Robin yn ei glywed. Roedd pob sain uchel ar goll ac roedd yn anodd ei ddeall. Ond weithiau does gan bobl ddim amynedd. Mae'n rhaid ei bod hi'n anodd bod yn drwm eich clyw.

GEIRIAU SAIN

Weithiau rydym yn defnyddio ymadrodd i ddisgrifio sain. Mae rhai ymadroddion yn sôn am y sain ei hun (fel 'mor dawel â llygoden'). Mae eraill yn defnyddio geiriau sain ond dydyn nhw ddim yn sôn am sain mewn gwirionedd (fel 'canu'n iach').

Beth mae pobl yn ei olygu wrth ddefnyddio'r ymadroddion hyn, tybed?

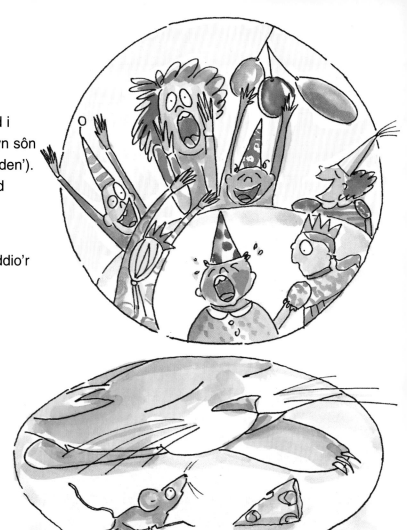

Mor dawel â llygoden
Allet ti fod wedi clywed pin yn disgyn
Rho ganiad yn nes ymlaen
Clywch! Clywch!
Tawelwch os gwelwch yn dda
Taw piau hi
Mae e'n uchel ei gloch
Swnio'n addawol
Hen swnyn
Yn dawel ei feddwl
Heb siw na miw
Canu'n iach
Taw â dweud!

Meddyliwch am eiriau i ddisgrifio sain.
Dyma rai geiriau i ddechrau:

sisial   bloeddio   brefu   clecian   udo

11

ATSAIN ATSAIN

Helo, pwy sydd yna?

Cerddais i lawr y stryd, dim ond y fi yn y tywyllwch. Ddylwn i ddim bod allan ar fy mhen fy hun mor hwyr. Doedd neb arall o gwmpas. Ust! Beth oedd yna? Sŵn! Sŵn tracd y tu ôl i mi!
Edrychais yn ôl yn sydyn ond doedd neb yno. Efallai mai dychmygu wnes i. Dechreuais gerdded yn gynt a chlywais y sŵn traed y tu ôl i mi eto, yn cyflymu! Ond doedd neb yno. Yn sydyn, cofiais yr hen stori am beth ddigwyddodd yma, amser maith yn ôl...

Pwy neu beth oedd yn gwneud y sŵn traed, tybed?

12

Defnyddio atseiniau

Ydych chi wedi sylwi faint o amser y mae'n ei gymryd i glywed **atsain** wrth i chi weiddi? Mae'r sain yn teithio at y wal, y to neu'r clogwyn, yn bownsio oddi arno a dod yn ôl. Po bellaf yr ydych chi, hiraf y bydd yn ei gymryd.

Bydd pobl mewn llongau yn defnyddio **seinydd atsain** i weld pa mor ddwfn yw'r dŵr oddi tanynt. Rhaid gyrru sain i'r dŵr. Yna amseru'r **atsain** yn dod yn ôl. Os yw gwely'r môr 750 m o dan y llong, yna bydd yr **atsain** yn cymryd un eiliad i ddod yn ôl. Mae'r atseiniau yn ymddangos ar sgrin sy'n dangos pa mor bell yw gwely'r môr. Gall yr atseiniau ddangos pethau eraill hefyd, fel llongddrylliad neu hyd yn oed haig o bysgod.

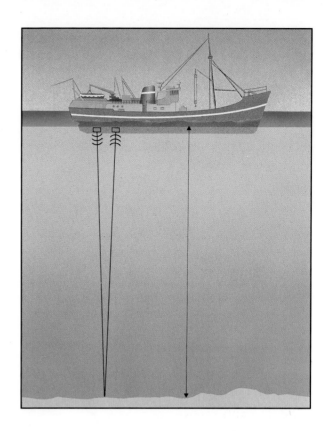

Uwchsain

Mae traw rhai seiniau mor uchel fel na allwn eu clywed. Dyma **uwchsain**. Mae'n cael ei ddefnyddio yn yr ysbyty i weld y tu mewn i bobl heb ddefnyddio **pelydrau X**. Gydag uwchsain gall mam weld ei baban cyn iddo gael ei eni.

Bu'r baban hwn yn tyfu y tu mewn i'w fam ers 12 wythnos. Welwch chi siâp y baban?

YSGRIFENNU SGRIPT SAIN

Wrth wrando ar ddrama ar y radio neu ar gasét, rydych chi'n aml yn clywed seiniau yn y cefndir sy'n helpu i egluro beth sy'n digwydd yn y ddrama a lle mae pethau'n digwydd.

Os ydych chi'n cynhyrchu drama radio, mae'n rhaid i chi feddwl am bob sain pwysig a hefyd am y geiriau sy'n cael eu dweud. Rhaid i chi ysgrifennu sgript sain.

Dyma sgript sain ar gyfer rhan o ddrama radio.

1. Sŵn traed gyda sŵn traffig yn y cefndir.
2. Sŵn traed yn stopio.
3. Clic y botwm croesi.
4. Y sain croesi.
5. Ceir yn brecio, sŵn traffig llonydd.
6. Sŵn traed yn pellhau wrth groesi'r ffordd.
7. Y ceir yn gyrru yn eu blaenau.

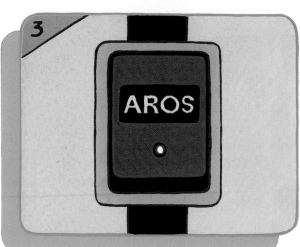

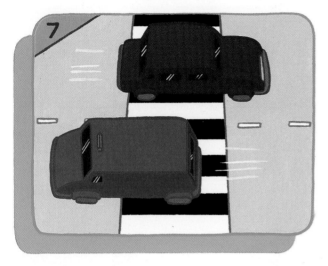

Beth fyddai'n rhaid i chi ei ychwanegu petai
- rhywun yn rhedeg ar draws y ffordd
- damwain
- ambiwlans yn cyrraedd?

Ceisiwch ysgrifennu sgript sain eich hun ar gyfer
- *noson stormus*
- *antur yn y gorllewin gwyllt.*

Tynnwch luniau os bydd hynny'n helpu.

Rhaid i gynhyrchydd y ddrama feddwl sut i wneud pob sain. Ceisiwch wneud y synau a'u recordio ar beiriant tâp.

TANNAU TYNN

Mae pob tant yn gallu canu gwahanol nodyn. Cyn canu offeryn llinynnol, rhaid i chi ei 'diwnio'. Mae angen tiwnio rhai drymiau hefyd. Ydych chi wedi clywed cerddorfa neu fand yn tiwnio? Dyna ichi sŵn!

Siaradwch gyda'ch ffrindiau. Sut mae tiwnio'r offerynnau hyn? Sut mae gwneud y nodau'n uwch neu'n is, tybed? Pa offerynnau fyddai'n cymryd fwyaf o amser i'w tiwnio? Sut mae cerddorion yn gwybod bod yr offeryn wedi'i diwnio'n gywir?

DWEUD SEINIAU

Mae'r tafod a'r dannedd yn helpu i ffurfio
geiriau – ceisiwch ddweud 'tân', 'dau',
'lemon'.
Lle mae eich tafod a'ch dannedd ar
ddechrau pob gair?

Mae gwefusau'n helpu i ffurfio geiriau –
ceisiwch ddweud 'pam', 'mam', 'ffŵl',
'felly'.
Sut roeddech chi'n defnyddio eich
gwefusau a'ch dannedd ar ddechrau
pob gair?

Mae'r sain yn dod yr holl ffordd o'r
laryncs.

Mae'r tafod yn gallu newid y gofod sydd yn y
geg. Mae hyn yn ffurfio llafariaid – ceisiwch
ddweud 'blin', 'cath', 'pêl'.
Beth sy'n digwydd i'r gofod yn eich ceg ar
ganol pob gair?

18

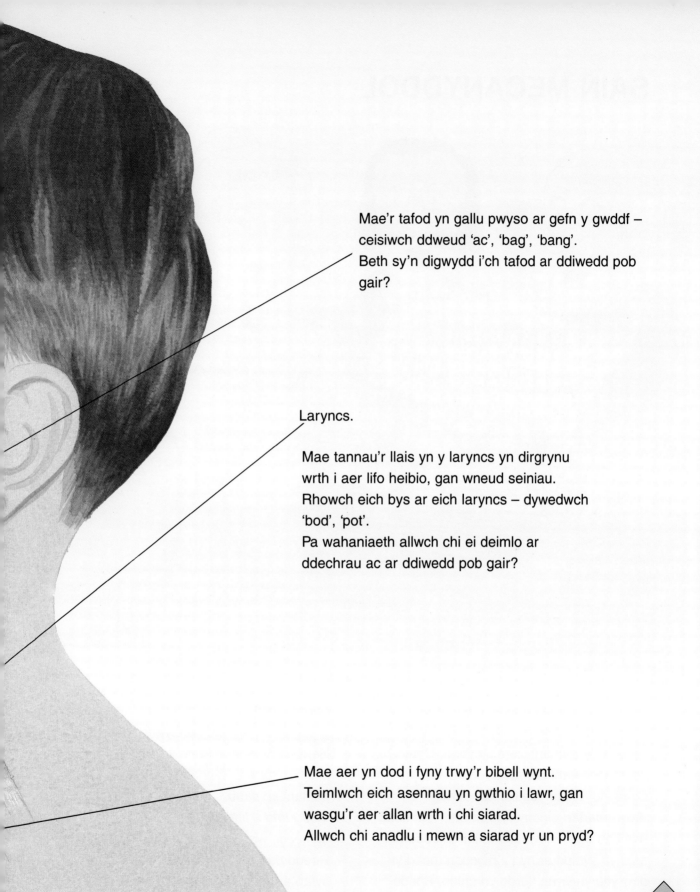

Mae'r tafod yn gallu pwyso ar gefn y gwddf –
ceisiwch ddweud 'ac', 'bag', 'bang'.
Beth sy'n digwydd i'ch tafod ar ddiwedd pob
gair?

Laryncs.

Mae tannau'r llais yn y laryncs yn dirgrynu
wrth i aer lifo heibio, gan wneud seiniau.
Rhowch eich bys ar eich laryncs – dywedwch
'bod', 'pot'.
Pa wahaniaeth allwch chi ei deimlo ar
ddechrau ac ar ddiwedd pob gair?

Mae aer yn dod i fyny trwy'r bibell wynt.
Teimlwch eich asennau yn gwthio i lawr, gan
wasgu'r aer allan wrth i chi siarad.
Allwch chi anadlu i mewn a siarad yr un pryd?

19

SAIN MECANYDDOL

Treuliodd Thomas Edison (1847-1931) ei holl fywyd yn dyfeisio pethau. Ym 1877 gwnaeth y 'peiriant siarad' cyntaf. O hwn y daeth y peiriant chwarae recordiau. Gwelodd Edison fod llais yn achosi **dirgryniadau** digon cryf i wneud i bin osod rhychau bach mewn tunffoil. Pan oedd pin arall yn symud ar hyd y rhychau roedd yn dirgrynu yn yr un ffordd yn union. Roedd

darseinydd syml yn gwneud y dirgryniadau'n gryfach nes eu bod i'w clywed fel seiniau. Heriodd Edison ei ffrind y gallai wneud i'w beiriant siarad. Synnodd pawb wrth glywed y peiriant yn canu
'Mary had a little lamb,
Its fleece was white as snow.'
Roedd rhai pobl yn credu mai tric oedd y cyfan a rhai'n galw Edison yn ddewin.

20

Mae'r organ stryd yn dal yn boblogaidd yn yr Almaen. Ar un cyfnod, roedd mwnci go-iawn yn troi'r ddolen i wneud i'r organ ganu.

Dyma beiriant sain syml iawn y tu mewn i flwch canu. Y rhes o stribedi metel o wahanol hyd sy'n gwneud y nodau. Wrth droi'r ddolen mae sbring peirianwaith cloc yn troi'r silindr. Ar y silindr mae'r patrwm o binnau yn plycio'r stribedi metel a chanu'r gerddoriaeth.

Faint o wahanol ffyrdd o chwarae cerddoriaeth sydd yn eich cartref chi?

SYSTEMAU SAIN

Dyma system stereo modern. Mae yma beiriant chwarae recordiau, peiriant cryno-ddisgiau, peiriant casetiau, a radio, i gyd mewn un system. Roedd pethau'n wahanol iawn ers talwm.

Dyma 'ffonograff' a gafodd ei wneud tua 1900. Roedd y sain yn cael ei recordio ar silindrau cŵyr fel y rhain. Welwch chi sut roedden nhw'n ffitio ar y ffonograff? Sut roedd gwneud mwy o sŵn?

'Gramoffon' o tua 1900 yw hwn. Roedd y sain yn cael ei recordio ar ddisg fflat. Doedd dim trydan mewn llawer o gartrefi – felly sut roedd y gramoffon yn gweithio, tybed?

Ym 1925 y cafodd y 'di-wifr' (radio) yma ei wneud. Roedd yn defnyddio batrïau. Roedd pobl yn gwrando llawer ar y radio er mwyn clywed y newyddion diweddaraf. Doedd dim teledu bryd hynny!

GEIRFA

Atsain

Wrth i chi weiddi mewn twnel dan bont, neu yn ymyl llawer o adeiladau uchel, efallai y byddwch yn clywed eich llais eto ac eto. Mae hyn yn digwydd achos bod y sain yn bownsio ar y waliau a dod yn ôl atoch chi.

Darseinydd

Mae darseinydd yn newid cerrynt trydanol yn seiniau ac weithiau'n chwyddo'r seiniau hynny a'u gwneud yn fwy eglur.

Dirgryniadau

Symudiadau cyflym yn ôl ac ymlaen yw dirgryniadau.

Nerf

Ffibr sy'n trosglwyddo negeseuon mewn creadur byw yw nerf, er enghraifft, neges o'r ymennydd i'r llaw, neu o'r llaw i'r ymennydd.

Pelydrau X

Mae pelydrau X yn cael eu defnyddio yn yr ysbyty i ddangos siapiau fel esgyrn y tu mewn i'ch corff. Os ydych chi wedi cael niwed, gall y meddyg dynnu llun pelydr X i weld a oes asgwrn wedi torri.

Seinydd atsain

Mae morwyr yn gallu darganfod pa mor ddwfn yw'r dŵr trwy anfon sŵn i'r gwaelod a'i amseru yn dod yn ôl.

Uwchsain

Sain rhy uchel i bobl ei glywed yw uwchsain. Mae'n cael ei ddefnyddio mewn ysbytai i roi llun du a gwyn o'r tu mewn i gyrff pobl. Mae'n bosibl ei ddefnyddio i edrych ar faban cyn ei eni; 'sgan' yw'r enw cyffredin ar hyn.